AF227192

SAINT
VINCENT DE PAUL.

PARIS.—IMPRIMERIE ET FONDERIE DE G. DOYEN,
RUE SAINT JACQUES, N. 38.

SAINT VINCENT DE PAUL

PEINT PAR SES ACTIONS,

AVEC L'HISTORIQUE DE SA CAPTIVITÉ EN AFRIQUE;

SUIVI

DES DÉTAILS LES PLUS EXACTS SUR LA CONSERVATION DE SON CORPS;

PAR J. SIMONNIN.

A PARIS,

CHEZ A. BOULLAND, ÉDITEUR,

LIBRAIRIE CENTRALE, PALAIS-ROYALE, GALERIE NEUVE D'ORLÉANS, n. 1.

1830.

SAINT VINCENT DE PAUL,

PEINT PAR SES ACTIONS.

Chaque siècle a ses héros, et l'histoire du monde ancien et moderne fourmille de faits éclatants dont les récits venus jusqu'à nous sont autant de leçons d'honneur, de bravoure, de dévouement patriotique, d'amour filial et de tendresse maternelle. Mais plusieurs de ces mêmes actions, racontées différemment par divers historiens, nous laissent quelquefois dans un esprit de doute et d'incertitude qui réfroidit notre admiration.

Un homme extraordinaire s'est trouvé, dont les prodigieux triomphes sont attestés par des témoignages vivants.

La gloire des Alexandre, des César et des Charlemagne, pourra perdre de son éclat dans la nuit des temps, tandis que celle de saint Vincent de Paul (1), en franchissant toutes les épo-

______

(1) Quelques personnes écrivent *Paule* au lieu de Paul; elles ont tort : nous sommes fondés sur des lettres autographes du saint, et sur l'usage constant des prêtres de la Mission.

ques, paraîtra jeune encore à la postérité la plus reculée.

Vincent de Paul naquit, le 24 avril 1576, à Ranquines, petit hameau de la paroisse de Pouy, diocèse d'Acqs, aujourd'hui département des Landes. Son père se nommait Guillaume de Paul, et sa mère, Bertrande de Moras. Tous leurs biens consistaient en une maison et quelques pièces de terre qu'ils faisaient valoir eux-mêmes; Vincent, qui était le troisième de leurs enfants, fut employé comme ses frères aux travaux rustiques, et, dès sa plus tendre jeunesse, on lui confia la garde du troupeau. Ayant une fois amassé jusqu'à trente sous, il les donna à un pauvre dont l'état d'abandon et l'extrême indigence avaient attendri son ame. La sensibilité de son cœur ne fut pas la seule qualité que l'on remarqua en lui; la pénétration de son esprit le fit distinguer malgré les ténèbres de son éducation. À douze ans il entra chez les cordeliers d'Acqs, pour faire ses études. Ses progrès furent si rapides que, quatre ans après, il fut précepteur des enfants du juge de Pouy. Ce nouvel état lui donna les moyens de fournir seul aux frais de son éducation, et de terminer ses classes sans être à charge à ses parents. Le 20 décembre 1596 il reçut la tonsure et les ordres mineurs des mains de l'évêque de Tarbes, dans la collégiale de Bidaschen. L'année suivante il se rendit à Toulouse, pour y suivre un cours de théologie; mais la médiocrité de sa fortune le força de l'interrompre, et d'établir, dans la petite ville de Buset, une espèce de pensionnat pour les enfants des familles les plus distinguées de la province. Il eut pour élèves deux petits-neveux du célèbre Jean de La Valette, grand-maître de l'ordre de Saint-Jean-de-Jérusalem. Le duc d'Épernon, proche parent de ces deux jeunes seigneurs, fut si content de la manière dont Vincent les avait élevés, qu'il conçut pour lui la plus sincère estime, et, quelques années après, il voulut lui procurer un Évêché qu'il refusa. Il retourna à Toulouse au bout de quelques temps, reprit son cours de théologie et le continua pendant sept ans; tour à tour maître et disciple, donnant des leçons pour vivre, et en recevant lui-même pour acquérir la science nécessaire à un ecclésiastique. Le 20 septembre 1600 il fut revêtu du sacerdoce par l'évêque de Périgueux. Son père n'eut pas la consolation de le voir prêtre; il mourut plus d'un an avant son ordination. Vincent fut reçu bachelier le 12 octobre 1604. La même année qu'on lui conféra la prêtrise, il fut nommé à la cure de Tilh, une des meilleures du diocèse d'Acqs; mais elle lui fut contestée par un compétiteur. Vincent, qui ne voulait pas de procès, sacrifia son droit, et donna son désistement. Il se livra sans réserve aux études théologiques ; et, dès que son cours fut fini, il partit pour Bordeaux, où des affaires personnelles l'appelaient. De retour à Toulouse, en 1605, il apprit qu'un homme de bien l'avait institué son héritier. Comme un débiteur de la succession s'était retiré à Marseille, Vincent s'y transporta pour prendre des arrangements avec lui. Quand cette affaire fut terminée, un gentilhomme de la connaissance de Vincent l'engagea à prendre ensemble la voie de mer jusqu'à Narbonne. Le récit de ce voyage est d'autant plus intéressant que Vincent va nous le faire ici lui-même :

« Je m'embarquai, dit-il, pour Narbonne,
« pour y être plus tôt, et pour épargner, ou, pour
« mieux dire, pour n'y jamais être, et pour tout
« perdre. Le vent nous fut autant favorable qu'il
« fallait pour nous rendre ce jour-là à Narbonne,
« qui était faire cinquante lieues, si Dieu n'eût
« permis que trois brigantins turcs, qui côtoyaient
« le golfe de Lyon pour attraper les barques
« qui venaient de Beaucaire, où il y avait une
« foire que l'on estime être des plus belles de la
« chrétienté, ne nous eussent donné la chasse,
« et attaqués si vivement, que deux ou trois
« des nôtres étant tués et tout le reste blessé, et

« même moi qui eus un coup de flèche qui me
« servira d'horloge tout le reste de ma vie,
« n'eussions été contraints de nous rendre à ces
« félons. Les premiers éclats de leur rage furent
« de hacher notre pilote en mille pièces, pour
« avoir pendu un des principaux des leurs, ou-
« tre quatre ou cinq forçats que les nôtres tuè-
« rent ; cela fait, il nous enchaînèrent, et, après
« nous avoir grossièrement pansés, ils poursui-
« virent leur pointe, faisant mille voleries,
« donnant néanmoins liberté à ceux qui se
« rendaient sans combattre, après les avoir vo-
« lés ; et enfin, chargés de marchandises, au
« bout de sept ou huit jours, ils prirent la route
« de Barbarie, tanière et spélonque de voleurs,
« sans aveu du grand-turc, où, étant arrivés, ils
« nous exposèrent en vente, avec un procès-
« verbal de notre capture, qu'ils disaient avoir
« été faite dans un navire espagnol, parce que
« sans ce mensonge nous aurions été délivrés par
« le consul que le roi tient en ce lieu-là pour
« rendre libre le commerce aux Français. La
« procédure à notre vente fut qu'après qu'ils
« nous eurent dépouillés, ils nous donnèrent à
« chacun une paire de caleçons, un hoqueton
« de lin, avec un bonnet, et nous promenèrent
« par la ville de Tunis, où ils étaient venus ex-
« pressément pour nous vendre. Nous ayant

« fait faire cinq ou six tours par la ville, la
« chaîne au col, ils nous ramenèrent au ba-
« teau, afin que les marchands vinssent voir qui
« pouvait bien manger, et qui non; et pour
« montrer que nos plaies n'étaient point mor-
« telles. Cela fait ils nous ramenèrent à la place,
« où les marchands nous vinrent visiter tout
« de même que l'on fait à l'achat d'un cheval
« ou d'un bœuf, nous faisant ouvrir la bouche
« pour voir nos dents, palpant nos côtes, son-
« dant nos plaies, et nous faisant cheminer le
« pas, trotter et courir, puis lever des fardeaux,
« et puis lutter, pour voir la force de chacun,
« et mille autres sortes de brutalités. Je fus
« vendu à un pêcheur qui fut contraint de
« se défaire bientôt de moi, pour n'avoir rien
« de si contraire que la mer; et depuis, par le
« pêcheur, à un vieillard, médecin spagirique,
« souverain tireur de quintessences, homme
« fort humain et traitable, lequel, à ce qu'il
« me disait, avait travaillé l'espace de cinquante
« ans à la recherche de la pierre philosophale, etc.
« Il m'aimait fort, et se plaisait de me discourir
« de l'alchimie, et puis de sa loi, à laquelle il
« faisait tous ses efforts de m'attirer, me pro-
« mettant force richesses et tout son savoir. Dieu
« opéra toujours en moi une croyance de déli-
« vrance par les assidues prières que je lui fai-

« sais, et à la vierge Marie, par la seule inter-
« cession de laquelle je crois fermement avoir
« été délivré. L'espérance donc, et la ferme
« croyance que j'avais de vous revoir, Monsieur,
« me fit être plus attentif à m'instruire du
« moyen de guérir de la gravelle, en quoi je lui
« voyais journellement faire des merveilles ; ce
« qu'il m'enseigna, et même me fit préparer et
« administrer les ingrédients.... Je fus donc avec
« ce vieillard depuis le mois de septembre 1605
« jusqu'au mois d'août 1606, qu'il fut pris et
« mené au grand-sultan, pour travailler pour
« lui; mais en vain , car il mourut de regret par
« les chemins. Il me laissa à un sien neveu, vrai
« antropomorphite, qui me revendit bientôt
« après la mort de son oncle, parcequ'il ouï
« dire, comme M. de Brèves, ambassadeur pour
« le roi en Turquie, venait avec bonnes et ex-
« presses patentes du grand-turc, pour recou-
« vrer tous les esclaves chrétiens. Un renégat
« de Nice en Savoie, ennemi de nature, m'a-
« cheta, et m'emmena en son *temar*: ainsi s'ap-
« pelle le bien que l'on tient comme métayer
« du grand-seigneur; car là le peuple n'a rien ,
« tout est au sultan : le temar de celui-ci était
« dans la montagne , où le pays est extrêmement
« chaud et désert. L'une des trois femmes qu'il
« avait était Grecque, chrétienne, mais schisma-

« tique ; une autre était Turque, qui servit d'in-
« strument à l'immense miséricorde de Dieu
« pour retirer son mari de l'apostasie, et le
« remettre au giron de l'Église, et me délivrer
« de mon esclavage. Curieuse qu'elle était de sa-
« voir notre façon de vivre, elle me venait voir
« tous les jours aux champs, où je fossoyais. Un
« jour elle me commanda de chanter les louan-
« ges de mon Dieu. Le ressouvenir du *Quomodò*
« *cantabimus in terrâ alienâ*, des enfants d'I-
« sraël, captifs en Babylone, me fit commen-
« cer, la larme à l'œil, le psaume *Super flu-
« mina Babylonis*, et puis le *Salve regina*, et
« plusieurs autres choses en quoi elle prenait
« tant de plaisir, que c'était merveille : elle ne
« manqua pas de dire à son mari, le soir, qu'il
« avait eu tort de quitter sa religion, qu'elle es-
« timait extrêmement bonne, pour un récit que
« je lui avais fait de notre Dieu, et quelques
« louanges que j'avais chantées en sa présence :
« en quoi elle disait avoir ressenti un tel plai-
« sir, qu'elle ne croyait point que le paradis
« de ses pères, et celui qu'elle espérait, fût si
« glorieux, ni accompagné de tant de joie, que
« le contentement qu'elle avait ressenti pendant
« que je louais mon Dieu ; concluant qu'il y
« avait en cela quelque merveille. Cette femme,
« comme un autre Caïphe, ou comme l'ânesse

« de Balaam, fit tant, par ses discours, que son
« mari me dit le lendemain qu'il ne tenait qu'à
« une commodité que nous ne nous sauvassions
« en France; mais qu'il y donnerait tel remède,
« que dans peu de jours Dieu en serait loué.
« Ce peu de jours dura dix mois qu'il m'en-
« tretint en cette espérance, au bout desquels
« nous nous sauvâmes avec un petit esquif, et
« nous rendîmes le 28 juin 1607 à Aigues-Mor-
« tes, et tôt après en Avignon, où M. le vice-
« légat reçut publiquement le renégat, avec la
« larme à l'œil et le sanglot au cœur, dans l'é-
« glise de Saint-Pierre, à l'honneur de Dieu, et
« édification des assistants (1). »

Cette Lettre, d'un si touchant intérêt, nous
a inspiré les vers suivants, que l'on nous par-
donnera de rapporter ici.

. . . .

A peine a-t-il quitté nos fortunés rivages,
Il arrive en un lieu connu par ses naufrages.
De la mer toutefois il échappe au courroux,
Mais c'est pour succomber à de plus rudes coups.
Un essaim de brigands vers son vaisseau s'avance,
Le suit, l'atteint, l'attaque, et le combat commence.

(1) Lettre écrite par Vincent de Paul à M. de Commet, le 24 juillet
1607.

Au bruit confus des vents, de la foudre, et des flots,
Se mêle avec horreur le cri des matelots.
  Les corsaires nombreux montent à l'abordage :
Vincent, avec les siens, oppose un vain courage.
Le salpêtre enflammé, qui sur la plage luit,
Trahit l'obscurité d'une effroyable nuit.
  Le saint héros alors, dans sa haute prudence,
Juge qu'il faut céder, arrête sa vaillance.
On l'approuve, on l'imite; et le meurtre a cessé.
Mais un pillage affreux l'a bientôt remplacé.
On abandonne tout à la horde ennemie,
Se croyant trop heureux de conserver la vie.
  Oh ! que vont devenir les jours infortunés
De ces chrétiens vaincus, l'un à l'autre enchaînés?
De l'avare pirate ils augmentent la proie,
Et sont dans un exil entraînés avec joie.
. . . .
  Dans un âpre climat, parmi d'arides lieux,
Tunis, séjour profane et de pleurs et de plainte,
Aux chrétiens débarqués ouvre sa triste enceinte.
Là réside en tout temps avec impunité
Le blasphême effrayant, fils de l'impiété;
Et le fier habitant, ivre de sa puissance ,
Sur tous les fils du Christ assouvit sa vengeance.
Là surtout on le voit, excité par le gain ,
Exercer sans frémir un trafic inhumain,
Vendre, acheter, revendre, et livrer son semblable,
Ou d'un honteux turban couvrir son front coupable.
  Et l'Europe , insensible à tous ces attentats ,
Se déchire elle-même en d'injustes combats;
Dans son propre sein porte et le fer et la flamme,
Plutôt que de s'armer contre ce sol infâme !
O vous, fiers potentats, monarques très-chrétiens ,

Vous les défenseurs nés de tous vos citoyens,
A qui destinez-vous ces cohortes nombreuses ?
Marchez donc à Tunis que vos mains valeureuses ;
Ramènent dans leurs murs vos fils en liberté,
Servez en eux le ciel, vos droits, l'humanité.
Que le chrétien souffrant dans cette horrible enceinte
Ressente le pouvoir de votre ligue sainte ;
Et que par vos efforts le musulman détruit
Reconnaisse à vos coups le Dieu qui les conduit (1).

Peu de temps après son arrivée à Avignon, Vincent ayant accompagné le vice-légat à Rome, il y fit connaissance avec les ambassadeurs de Henri IV auprès de Paul V. Sa pénétration et sa loyauté lui méritèrent, de la part de ces diplomates, une mission importante. Il revint à Paris au commencement de 1609, et eut plusieurs conférences avec le roi. Il s'était logé près de l'hôpital de la Charité, pour être plus à portée de servir les malades et de leur prodiguer tous les soins qui pouvaient adoucir leurs souffrances. C'est à cette époque qu'il fut accusé d'avoir volé une somme considérable au juge de Sore, son commensal et son ami. Vincent supporta tout le poids de cette accusation avec une rare patience, pendant plus de six ans. En 1610 la

(1) Vincent de Paul, chant 1.

reine Marguerite de Valois le prit pour son aumônier ordinaire. Au commencement de 1611 Bourgoing, curé de Clichy, résolut de résigner son bénéfice. Pierre de Bérulle, fondateur de l'Oratoire, et depuis cardinal, qui était lié de l'amitié la plus étroite avec Vincent de Paul, le désigna pour la cure de Clichy, dont il prit possession le 2 mai 1612. Il gouverna cette paroisse avec toute la vigilance et la sollicitude d'un pasteur animé de l'esprit de Dieu. Son administration ne fut pas de longue durée : il trouva cependant les moyens d'y laisser des souvenirs qui l'ont fait regretter de tous ses paroissiens. Il rebâtit l'église sans qu'il leur en coutât rien, et s'attacha à former aux fonctions cléricales des jeunes gens qu'il choisissait à Paris.

Vers la fin de 1613 il quitta sa cure pour se charger de l'éducation des trois fils de Philippe-Emmanuel de Gondi, comte de Joigny, général des galères. Le dernier fut archevêque de Paris et cardinal, et devint célèbre dans les fastes de la Fronde, sous le nom de cardinal de Retz.

Vincent marqua son séjour dans la maison du comte de Joigny par un acte qui empêcha ce seigneur de provoquer en duel un de ses ennemis. Suivant l'usage de la chevalerie, le comte était entré dans une église pour enten-

dre la messe avant d'aller se battre. Vincent
l'y suivit, et, quand tout le monde se fut retiré,
il lui adressa ces paroles : « Souffrez, monsieur,
« souffrez que je vous dise un mot en toute
« humilité. Je sais de bonne part que vous avez
« dessein de vous aller battre en duel. Mais je
« vous déclare de la part de mon Sauveur,
« que je vous ai montré maintenant, et que
« vous venez d'adorer, que si vous ne quittez
« ce mauvais dessein, il exercera sa justice sur
« vous et sur toute votre postérité. »

Ces paroles produisirent un si grand effet sur
l'esprit du comte, qu'il renonça sur-le-champ au
coupable projet qu'il avait conçu. En 1617 il
quitta la maison du comte de Joigny pour
aller desservir la cure de Châtillon-les-Dombes,
dans la Bresse. Durant les cinq mois qu'il en
demeura chargé, il opéra un bien incroyable.
Le vice y marchait tête levée, et il le réprima;
des abus énormes déshonoraient la religion,
et il les extirpa; des pécheurs d'un rang élevé
scandalisaient le pays, et il les convertit. Mais
ce qui honora le plus cet excellent pasteur,
c'est le soin qu'il eut des pauvres et des in-
firmes. Il voulait que l'on en usât envers les malades comme une mère pleine de tendresse en
use envers son fils unique : qu'on leur dît
quelque petit mot de notre Seigneur, et qu'on

tachât de les égayer et de les réjouir s'ils paraissaient trop frappés de leur mal. Vincent, pressé par les prières de la comtesse de Joigny, rentra dans la maison de Gondi, à la fin de 1617, mais il ne voulut avoir que l'inspection de l'éducation des enfants du général des galères, et se réserva la faculté de se livrer à son goût pour les missions. Il en fit une à Villepreux, dans le mois de février 1618, qui fut bientôt suivie de beaucoup d'autres, dans les diocèses de Beauvais, de Soissons et de Sens. Il employa les intervalles de loisir que lui laissaient les missions à visiter les prisons où étaient détenus, avant leur départ pour Marseille, les criminels condamnés aux galères. Quoiqu'il s'attendît à y trouver une grande misère, il en trouva beaucoup plus qu'il n'avait cru. « Il vit, dit un de ses disciples, des « malheureux renfermés dans d'obscures et « profondes cavernes, mangés de vermines, « atténués de langueur et de pauvreté, et « entièrement négligés pour le corps et pour « l'ame. » Navré de douleur, il s'adressa au comte de Joigny, qui lui accorda tout pouvoir d'agir comme il l'entendrait. Il commença par louer, dans le faubourg Saint-Honoré, une maison assez vaste pour rassembler les galériens de toutes les prisons de Paris. Il fit aussitôt un appel à la charité de tous ses amis, qui s'empressèrent de contribuer de tous leurs moyens au soulagement de ces malheureux. Quant à lui, il s'appliqua avec un zèle infatigable au soulagement des maux spirituels. Cette belle institution lui mérita l'emploi d'aumônier général des galères de France. Louis XIII lui en fit expédier le brevet, sous la date du 8 février 1619. Au commencement de l'année suivante, François de Sales, évêque de Genève, lié depuis trois ans de la plus étroite amitié avec Vincent, lui confia le gouvernement du premier couvent de la Visitation, que la mère de Chantal venait de fonder dans la rue Saint-Antoine.

L'année 1622 est remarquable par un trait héroïque d'une charité vraiment divine. Vincent part pour Marseille, afin de mieux s'assurer par lui-même de l'état des forçats. Comme il allait de rang en rang pour tout voir et tout entendre, il aperçut un malheureux forçat qui avait été condamné à trois ans de captivité, pour avoir fait la contrebande, et qui paraissait inconsolable d'avoir laissé dans la plus extrême misère sa femme et ses enfants. Touché de tant de maux, et se voyant dans l'impossibilité d'y remédier, Vincent se livre à son magnanime enthousiasme et offre de se mettre à sa place ; et, ce qu'on aura peine sans doute à concevoir, l'échange fut accepté. Cet homme vertueux fut enchaîné dans la chiourme des galériens ; et ses pieds restèrent en- flés pendant le reste de sa vie, du poids de ces fers honorables qu'il avait portés. Ce dévouement, qui peint d'une manière si sublime toute la sensibilité de la grande ame du héros chrétien, fut attestée en 1643, par plusieurs personnes, au supérieur des prêtres de la Mission. Il se trouve relaté dans un ancien manuscrt, intitulé *Généalogie*, comme ayant été certifié par un ecclésiastique proven- çal, qui disait l'avoir appris de Vincent; mais le témoignage que l'on invoque avec le plus d'assu- rance est celui d'un des compagnons de Vincent, qui, l'ayant interrogé sur ce point, n'en reçut point de réponse ; il se contenta de changer de dis- cours en riant. On conclut avec raison que pour que Vincent n'ait point nié le fait , il faut qu'il soit vrai. Enfin , cet admirable trait est inséré dans ie procès de sa canonisation.

En 1623 il établit à Mâcon deux confréries de charité : une pour les hommes et l'autre pour les femmes; mais ce qu'il y a de surprenant, c'est que le fondateur de ces utiles établissements n'avait rien de ce qu'il fallait quand il en com- mença l'entreprise, et que peu de temps après on fut pourvu de tout avec abondance. Voici comme il s'est expliqué lui-même à ce sujet : « Quand j'établis la charité à Mâcon, chacun

« se moquait de moi; on me montrait au
« doigt par les rues , croyant que je n'en pour-
« rais jamais venir à bout ; et , quand la chose
« fut faite , chacun fondait en larmes de joie , et
« les échevins de la ville me faisaient tant
« d'honneur au départ, que, ne le pouvant
« porter, je fus contraint de partir en cachette ,
« pour éviter cet applaudissement ; et c'est là
« une des charités les mieux établies (1). »

Après avoir fait un voyage à Paris , Vincent alla donner une mission dans les bagnes de Bordeaux. Au retour , il visita sa famille et lui déclara formellement qu'elle *ne devait rien attendre de lui ,* parcequ'un ecclésiastique qui a quelque chose le doit à Dieu et aux pauvres. Il suivit cette maxime en tout temps : un de ses neveux était accouru à Paris du fond de sa province, comptant sur les bienfaits d'un oncle qui en répandait sur tant de monde. Ce jeune homme qui, en arrivant à Paris, avait cru sa fortune faite, fut bien trompé. Vincent , persuadé que ses parents seraient assez riches tant qu'ils pour-raient vivre de leur travail , renvoya son neveu à pied comme il était venu, ne lui donna que dix écus pour faire son voyage, encore les de-manda-t-il par aumône à la marquise de Mai-

____

(1) Lettre à mademoiselle Legras (Louise de Marillac).

gnelai, et c'est la seule fois qu'il ait demandé des secours pour ceux de sa famille.

De Pouy il se rendit à Chartres, où il donna une mission : le zèle de ce grand homme était inépuisable comme sa charité. Non content de s'occuper de l'instruction des habitants des campagnes, il portait encore ses regards sur les désordres qui régnaient dans le clergé. « Nous devons, « dit-il, faire quelque effort pour ce grand be- « soin de l'Église, qui s'en va ruinée en beaucoup « de lieux par la mauvaise vie des prêtres : car « ce sont eux qui la ruinent et qui la perdent ; et « il n'est que trop vrai que la dépravation de « l'état ecclésiastique est la cause principale de « la ruine de l'Église de Dieu. »

En 1632 il fut mis en possession de Saint-Lazare, avec toutes les formalités d'usage. Vers la même époque il améliora le sort des criminels condamnés aux galères, qu'il réunit près de la porte Saint-Bernard, sous les soins de mademoiselle Legras et de ses compagnes. Ce n'était pas encore assez pour son ame bienfaisante. Il obtint du cardinal de Richelieu que le plan d'un hôpital général, tracé pour eux à Marseille, serait exécuté. Plus tard Louis XIV, par ses lettres-patentes de 1646 et 1648, assigne à cet hôpital douze mille livres de revenu annuel sur les gabelles de Provence.

L'année 1634 vit se former cet établissement si utile à l'humanité souffrante, connu du monde entier sous le nom consolateur d'association des sœurs de Charité.

Une tradition constante nous apprend que Louis XIV, apercevant une fille de la Charité d'une figure très-intéressante, remarqua qu'il serait convenable qu'elle eût un voile, et, tenant à la main un mouchoir blanc, il le lui jeta sur la tête de telle manière qu'il forma une espèce de coiffe, qui donna aux filles de Saint-Vincent l'idée d'en faire une semblable, celle qu'elles ont aujourd'hui.

L'institut des filles de la Charité fut d'abord approuvé par Jean-François-Paul de Gondi, alors coadjuteur de son oncle, Jean-François de Gondi, et depuis archevêque de Paris et cardinal de Retz. Il fut confirmé de nouveau par le même prélat, et autorisé par lettres-patentes du mois de novembre 1657. Il est sous l'obéissance des supérieurs généraux des prêtres de la Mission.

Dans le temps qu'il fondait la congrégation des sœurs de la Charité, Vincent de Paul établit une compagnie de dames, chargées de prendre un soin particulier des malades de l'Hôtel-Dieu. La présidente Goussaut en fut la première supérieure.

Les détails des fléaux qui désolèrent la Lorraine, sous Charles IV, duc et gouverneur de cette province, paraîtraient exagérés s'ils n'étaient rapportés par des auteurs contemporains les plus dignes de foi. La guerre, la peste, la famine, pesèrent sur ce malheureux pays pendant plusieurs années. Vincent de Paul le soulagea de tout son pouvoir, et son zèle charitable trouva des ressources qui étonnèrent dans un temps de malheurs aussi multipliés. Il fit distribuer des aliments, des remèdes, des vêtements, et deux millions en argent à Toul, à Verdun, à Metz, à Nanci, à Bar, à Pont-à-Mousson, à Saint-Mihiel, etc. Et qui opère un tel miracle? le fils d'un laboureur de Gascogne, sans intrigue, sans art, méconnu et jeté dans la foule.

La continuation de la guerre accroissant de plus en plus les maux publics, il prend le parti d'aller trouver le cardinal de Richelieu; il lui expose ses raisons, puis tout-à-coup se jette à ses genoux, et lui dit en sanglotant: « Monseigneur, « donnez-nous la paix; ayez pitié de nous; don-« nez la paix à la France. » L'impérieux ministre, bien loin de s'offenser de la liberté du simple prêtre, lui donna l'assurance que ses vœux seraient exaucés.

En 1642 il établit sa congrégation à Rome, et donne naissance à l'usage, suivi par ses successeurs, de ne se mettre à table qu'entre deux vieillards, choisis dans le quartier Saint-Lazare, pour se souvenir sans cesse qu'il est le père des pauvres. Il abdique dans une assemblée générale des prêtres de la Mission la charge de supérieur; mais son abdication n'est point acceptée. Il est appelé, en 1643, pour assister Louis XIII dans sa dernière maladie. Il dit au roi en l'abordant : « Sire, celui qui craint Dieu s'en trouvera « bien dans ses derniers moments. » Dès ce moment il ne le quitta guère jusqu'à sa mort.

Anne d'Autriche, régente du royaume, nomma Vincent de Paul à la présidence du conseil de conscience. Les distinctions lui faisaient plus de peine qu'elles ne font de plaisir aux martyrs de l'ambition. Le prince de Condé ayant voulu le faire asseoir auprès de lui. « Votre Altesse, lui dit- « il, me fait trop d'honneur de vouloir bien me « souffrir en sa présence. Ignore-t-elle donc que « je suis le fils d'un pauvre villageois? — Les « mœurs et la bonne vie, lui répliqua ce sage « prince, sont la vraie noblesse de l'homme. »

Il était si éloigné d'employer son crédit à enrichir sa Compagnie, qu'il répondait à ceux qui lui en donnaient le conseil : « Pour tous les biens « de la terre, je ne ferai jamais rien contre Dieu « ni contre ma conscience. La Compagnie ne « périra point par la pauvreté; je crains plutôt « que si la pauvreté lui manque elle ne vienne à

« périr. » Malgré toute l'ardeur de son zèle reli-
gieux, il montra toujours des principes de modé-
ration et de tolérance. Tolérance que l'illustre
Fenélon a si bien pratiquée pendant le cours de
son heureuse carrière sacerdotale. Vincent écri-
vait en 1643 : « On fera de beaux réglements, on
« usera de censures, on retranchera tous les pou-
« voirs; mais corrigera-t-on? il n'y a guère
« d'apparence. Ces moyens n'étendront ni ne
« conserveront l'empire de Jésus-Christ dans
« les cœurs. Dieu a autrefois armé le ciel et la
« terre contre l'homme : est-ce par-là qu'il l'a
« converti? Eh! n'a-t-il pas fallu enfin qu'il se
« soit abaissé et humilié devant lui pour faire
« agréer son joug et sa conduite? Ce que Dieu n'a
« pas fait avec sa toute-puissance, comment un
« prélat le fera-t-il avec la sienne ? »

Sa charité allait si loin qu'il ne voulut point
recevoir une somme de six cent mille livres que
des dames lui offraient pour faire bâtir une
nouvelle église. Il allégua pour raison que les
pauvres commençaient à souffrir, et que les premiers temples que Dieu demande sont ceux de la
charité et de la miséricorde.

Lorsque ce grand homme vint à Paris, on
vendait les enfants trouvés, dans la rue Saint-
Landry, vingt sous la pièce, et on les donnait
par charité, disait-on, aux femmes malades qui

avaient besoin de ces innocentes créatures pour leur faire sucer un lait corrompu. Ces enfants, que le gouvernement abandonnait à la pitié publique, périssaient presque tous; et ceux qui échappaient à tant de dangers étaient introduits furtivement dans des familles opulentes, pour dépouiller les héritiers légitimes: ce qui fut, pendant plus d'un siècle, une source intarissable de procès dont on voit les détails dans les compilations de nos anciens jurisconsultes. Vincent de Paul fournit d'abord des fonds pour nourrir douze de ces enfants. Bientôt sa charité soulagea tous ceux qu'on trouvait exposés aux portes des églises. Mais cette nouvelle ferveur, qu'inspire toujours un nouvel établissement, s'étant réfroidie, les secours manquèrent entièrement, et les outrages faits à l'humanité allaient recommencer. Vincent de Paul ne se découragea point (1). En 1648 il fixa pour toujours le sort de ces malheureuses victimes de l'incontinence et de la misère. Il convoque une assemblée générale des dames qui concouraient à toutes ses bonnes œuvres; fait placer un grand nombre de ces orphelins dans l'église; monte en chaire, et prononce, les yeux baignés de larmes, ces paroles où la sublimité de son ame se montre dans l'onction d'une éloquence divine.

(1) Panégyrique de saint Vincent de Paul , par le cardinal Maury.

« Or sus, mesdames, la compassion et la cha-
« rité vous ont fait adopter ces petites créatures
« pour vos enfants ; vous avez été leurs mères
« selon la grâce depuis que leurs mères , selon
« la nature, les ont abandonnées. Voyez mainte-
« nant si vous voulez aussi les abandonner. Ces-
« sez à présent d'être leurs mères pour devenir
« leurs juges ; leur vie et leur mort sont entre
« vos mains. Je m'en vais prendre les voix et les
« suffrages. Il est temps de prononcer leur arrêt,
« et de savoir si vous ne voulez plus avoir de
« miséricorde pour eux. Ils vivront, si vous con-
« tinuez d'en prendre un soin charitable ; ils
« mourront , si vous les délaissez. » Quel cœur
aurait pu ne pas être entraîné par cette touchante
exhortation? Un langage aussi pénétrant ne pouvait sortir que de la bouche d'un homme
animé de l'esprit de Dieu. Aussi l'auditoire, pé-
nétré de ce rayon divin , ne répondit d'abord
que par des sanglots ; puis , revenu de son émo-
tion, il s'empresse de se rendre au saint appel de
l'homme céleste. C'est à qui se dépouillera plus
tôt de ses ornements et de ses pierreries pour
les déposer entre les mains du saint orateur. On
s'empresse de souscrire en faveur de ces malheureux enfants qu'on ne doit plus appeler
orphelins, puisque Vincent est leur père, et que
les femmes de la plus haute distinction se dis-

putent l'honneur de leur servir de mères. Enfin, ce même jour, où la pitié fit rentrer la nature dans ses droits, dans la même église où s'opéra ce prodige, l'hôpital des Enfants-Trouvés de Paris fut fondé, et doté de quarante mille livres de rente. Le roi consentit à donner Bicêtre; mais comme il y avait de graves inconvénients d'y laisser les enfants, on les transféra dans le faubourg Saint-Laurent, sous les auspices des filles de Charité, et bientôt après sur le Parvis-Notre-Dame et dans le faubourg Saint-Laurent.

Vincent de Paul ne fut pas seulement le réparateur des maux de son pays; cet ange visible de la Providence étendit encore ses ailes bienfaisantes jusque sur les contrées les plus lointaines, et toutes les régions frappées de malheurs étaient autant de patries pour lui.

En 1651 il établit en Pologne les prêtres de la Mission et les filles de Charité, qui y firent des merveilles pendant que ce royaume était affligé de la peste. En 1653 il envoya des prêtres de la Mission en Écosse et aux îles Hébrides, et fonda l'hospice du nom Jésus, pour quatre-vingts vieillards de l'un et de l'autre sexe. Cette fondation est due à la bienfaisance d'un habitant de Paris, dont le nom n'a jamais été connu que de Vincent. La vue de l'ordre qu'il y établit et du bonheur dont on y jouissait inspira à plusieurs personnes de distinction le dessein de réunir dans un hôpital général tous les pauvres de la capitale. En 1655 la régente, Anne d'Autriche, donna à cet effet l'enclos et la maison de la Salpêtrière, qui fut pourvue de tous les meubles convenables, mais qui ne fut définitivement habitée qu'en 1657. Alors près de cinq mille mendiants, sur quarante mille qui désolaient Paris, se rendirent dans cette maison, où ils furent abondamment pourvus de tout ce qui est nécessaire à la vie.

En 1656 il fit tout ce qu'il put pour obtenir du pape un décret contre les duels. Voici la lettre qu'il écrivit à ce sujet au supérieur de sa maison à Rome.

« Avant que de répondre à votre dernière « lettre, je vous parlerai d'une affaire des plus « importantes qui se puissent présenter, et dont « le mérite me servira d'excuse envers vous, « pour la charge que je vous donne en vous « l'adressant ; outre que je n'ai pu m'en défen- « dre, eu égard à ceux qui m'ont demandé votre « assistance. Il est question de remédier aux « duels, qui sont si fréquents en France, et par « lesquels il s'est fait des maux infinis. M. le « marquis de La Mothe-Fenélon est celui de qui « Dieu s'est servi pour susciter les moyens d'en « détruire l'usage. Il a été autrefois un fameux

« duelliste ; mais, comme Dieu le toucha , il se
« convertit si bien , qu'il jura de ne plus se
« battre. Il était à M. le duc d'Orléans , comme
« il y est encore ; et , en ayant parlé à un gentil-
« homme, il lui fit prendre la même résolution ;
« et tous deux en ont gagné d'autres à leur
« parti , en les engageant de parole et même
« par écrit. Ces commencements ont eu les pro-
« grès que vous verrez dans le mémoire ci-joint,
« et d'autres que l'on a omis. Le roi a fait enrôler
« sa maison dans cette résolution. Les états de
« Languedoc et de Bretagne ont privé du droit
« de séance dans leurs assemblées les gentils-
« hommes qui se battront désormais dans leurs
« provinces. Enfin, on a usé de toutes les pré-
« cautions possibles pour arrêter ce torrent
« qui a fait tant de ravages sur les corps et sur
« les ames. Il ne reste pour la conclusion de
« cette bonne œuvre , si non qu'il plaise à notre
« saint-père le pape de la couronner de sa bé-
« nédiction , par le bref qu'on lui demande. Je
« vous en envoie le projet, qui a été si bien con-
« certé de deçà, qu'on estime qu'il n'est pas
« possible d'y rien changer sans ruiner le bon
« dessein qu'on a. Prenez la peine de vous bien
« mettre au fait de tout, pour en instruire quel-
« que cardinal qui puisse et qui veuille repré-
« senter à sa Sainteté l'importance de la chose.

« M. le nonce donne la même commission, et
« envoie la même à son agent. »

En 1658, il est évincé de la ferme d'Orsigny,
qu'on avait donnée à la communauté de Saint-
Lazare. Ses amis lui conseillèrent d'appeler de
l'arrêt du parlement; mais il s'y refusa par les
motifs suivants :

« Quoiqu'on nous assure que nous sommes
« bien fondés à nous pourvoir par requête civile,
« nous ne pouvons nous y résoudre : 1° parce
« qu'un grand nombre d'avocats, que nous avions
« consultés conjointement et séparément avant
« l'arrêt qui nous a évincés, nous avaient toujours
« assuré que notre droit était infaillible. Cepen-
« dant la cour a jugé autrement, tant il est vrai
« que les opinions sont diverses, et qu'il ne faut
« jamais s'appuyer sur le jugement des hommes ;
« 2° une de nos pratiques dans les missions étant
« d'accorder les différends du peuple, il est à
« craindre que si la Compagnie s'opiniâtrait à
« une nouvelle contestation, par cette requête
« civile, qui est le refuge des plus grands chica-
« neurs, Dieu ne nous ôtât la grâce de travailler
« aux accommodements ; 3° nous donnerions
« un grand scandale, après un arrêt si solennel,
« en plaidant pour le détruire ; on nous blâme-
« rait de trop d'attache aux biens, qui est le re-
« proche qu'on fait aux ecclésiastiques ; et, nous

« faisant tympaniser dans le palais , nous ferions
« tort aux autres communautés, et serions cause
« que nos amis seraient scandalisés en nous ;
« 4° nous avons lieu d'espérer que, si nous cher-
« chons le royaume de Dieu , rien ne nous man-
« quera , ainsi que le dit l'Évangile ; et que, si
« le monde nous ôte d'un côté, Dieu nous don-
« nera de l'autre ; nous l'avons éprouvé depuis
« même que la cour nous a évincés de cette terre.
« Enfin , pour dire tout, j'ai grande peine, pour
« les raisons que vous pouvez penser, d'aller
« contre le conseil de Notre Seigneur, qui ne
« veut pas que ceux qui ont entrepris de le sui-
« vre plaident : et si nous l'avons déjà fait , c'est
« que je ne pouvais pas, en conscience, abandon-
« ner un bien de communauté dont je n'avais
« que l'administration, sans faire mon possible
« pour le conserver ; mais à présent que Dieu
« m'a déchargé de cette obligation par un arrêt
« souverain , qui a rendu mes soins inutiles, je
« pense que nous en devons demeurer là (1). »

Après de cruelles souffrances, ce grand homme
quitta la terre, où son apparition avait répandu
tant de bienfaits, le 27 septembre 1660. Il mourut à Saint-Lazare, âgé de quatre-vingt-cinq
ans. La cour et la ville, les magistrats et les re-

(1) Lettre à M. Bordes.

ligieux, versèrent des larmes à la nouvelle de sa mort. Jamais on n'avait entendu un concert si unanime de louanges. Henri de Maupas du Tour, alors évêque du Puy, prononça son oraison funèbre à Saint-Germain-l'Auxerrois. Ce prélat parla pendant deux heures, et encore déclarat-il que la matière était si ample, qu'il en aurait assez *pour prêcher tout un Carême.* Vincent fut béatifié, par Benoît XIII, le 14 août 1729, et canonisé, par Clément XII, le 16 juin 1737.

DE LA CONSERVATION DU CORPS

DE

SAINT VINCENT DE PAUL.

Nous croyons ne pouvoir mieux faire que de laisser parler ici M. l'archevêque de Paris sur un sujet d'un si grand intérêt.

« Tandis *que les ossements des pontifes et des rois, tirés de leurs sépultures, devenaient le jouet de brutales fureurs* (1) ; tandis que, pour éprouver notre foi, leSeigneur souffrait que les reliques des saints fussent dispersées, détruites ou livrées à la dérision des impies, il défendait de toute atteint le corps de saint Vincent de Paul.

« Ce corps vénérable était autrefois religieusement conservé dans l'église de cette vaste maison de Saint – Lazare, que l'on pouvait appeler à

____

(1) Jérémie viii , 1.

juste titre la maison des prêtres et des pauvres,
parceque les uns venaient perpétuellement s'y
renouveler dans l'esprit de leur vocation, et que
les autres n'en réclamaient jamais en vain du secours dans leurs nombreuses nécessités. Il n'est
pas un ancien du sanctuaire, pas un vieillard
indigent, qui n'ait prié devant cette châsse, riche,
mais modeste, où semblait dormir d'un sommeil
tranquille, au milieu de tant d'heureux qu'il
avait faits, le véritable ami de Dieu et des hommes.

« Une philanthropie ingrate et spoliatrice trou-
bla ce repos; elle envia quelques parcelles de ce
métal qu'il avait versé à pleines mains, et dont la
piété filiale avait embelli la dernière couche d'un
père si vertueux et si charitable : mais l'or le plus
pur valait-il pour ses enfants la moindre portion
de ses restes précieux?

« Laissant à la cupidité ce qu'elle recherchait
avec une insatiable ardeur, chassés de leur asile
et dépouillés de leurs biens, les prêtres de la
congrégation de la Mission crurent n'avoir rien
perdu lorsqu'ils eurent sauvé de la dévastation
et du pillage ce qu'ils regardaient comme leur
plus cher trésor. Heureux de l'avoir soustrait
aux regards profânes, ils l'enfermèrent avec pré-
caution, et ils en confièrent la garde à ces filles
de Saint-Vincent de Paul. Humblement vénéré

dans le silence de la retraite, dans ce séminaire où la charité permanente de Vincent multiplie encore chaque jour les institutrices fidèles de l'enfance abandonnée et les héroïques servantes des pauvres malades, ce sacré dépôt attendait que la munificence royale et la reconnaissance publique, de concert avec la religion, lui préparassent un nouveau sanctuaire, et lui décernassent de solennels hommages............. Les arts ont apporté le tribut généreux de leur industrie: il y a quelques années qu'une châsse nouvelle, plus riche encore de son travail que de sa matière, fut façonnée par des mains habiles, sous la direction d'un de ces hommes dont l'honorable profession, célébrée plus d'une fois dans les divines écritures, fut illustrée par un des plus saints évêques de France (1). Cet élégant et magnifique ouvrage, exposé dans la capitale aux regards publics, n'a fait que justifier une réputation d'ailleurs bien établie.

Le roi, en nous faisant remettre une somme considérable, a bien voulu permettre que son nom fût inscrit en tête de la liste que nous ouvrons aujourd'hui afin de nous aider à com-

---

(1) Saint-Éloi, né en 588, à Cadillac, petite ville du département de la Gironde. Il fut d'abord trésorier du roi, puis évêque de Noyon, et mourut en 658.

pléter le paiement de ce grand ouvrage. Les princes et les princesses de la famille royale se sont empressés d'ajouter leurs dons à celui du roi. »

FIN.

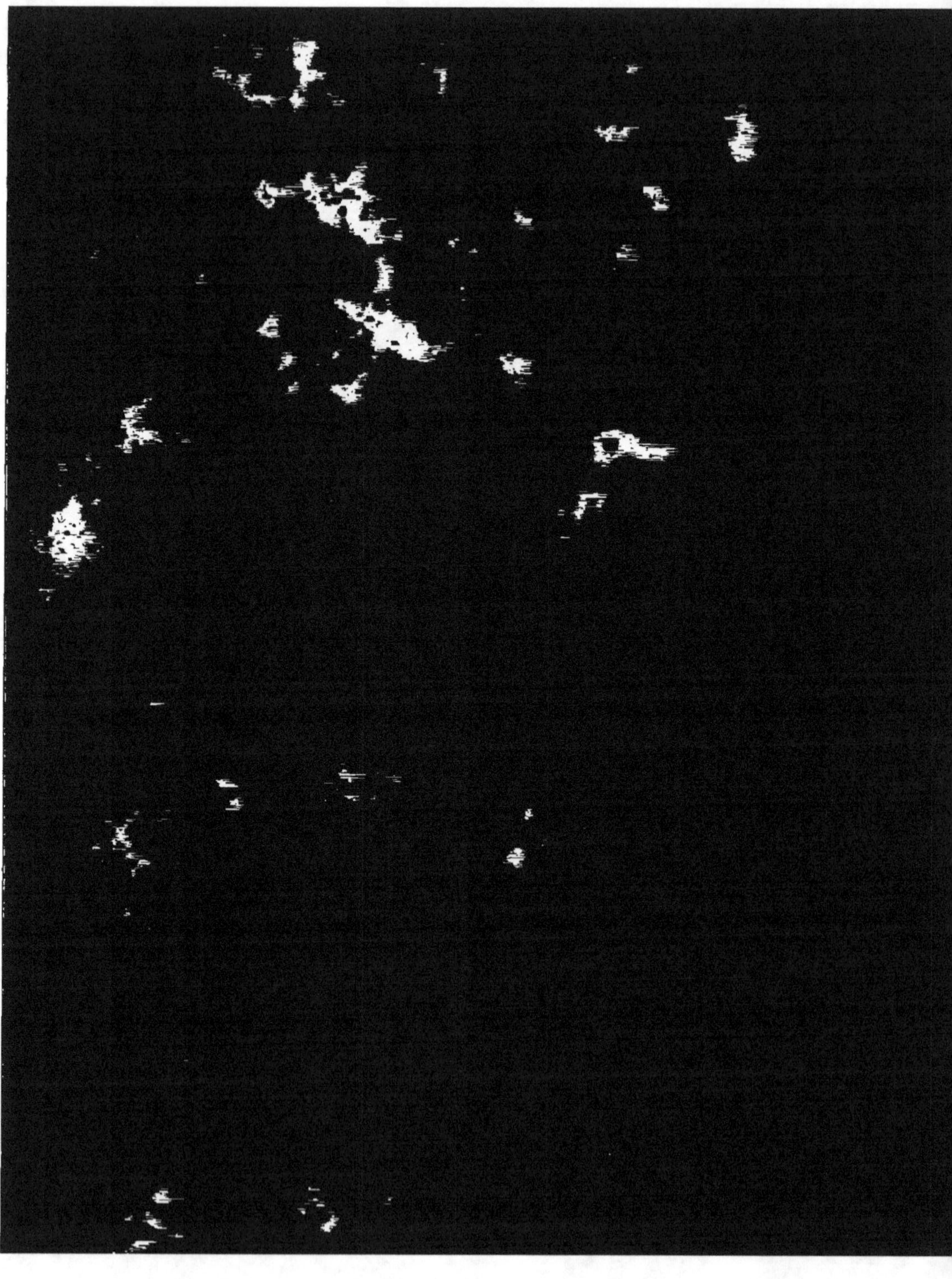

www.ingramcontent.com/pod-product-compliance
Lightning Source LLC
Chambersburg PA
CBHW061317050726

47594CB00004B/1771